PARTI SOCIALISTE

Section Française de l'Internationale Ouvrière

Programme d'Action

DU

Parti Socialiste

PARIS

Librairies du *Parti Socialiste* et de *l'Humanité* réunies

142, Rue Montmartre, 142

—

1919

PARTI SOCIALISTE
Section Française de l'Internationale Ouvrière

Programme d'Action

DU

Parti Socialiste

PARIS
Librairies du *Parti Socialiste* et de *l'Humanité* réunies
142, Rue Montmartre, 142

1919

Programme d'Action

du

PARTI SOCIALISTE

adopté par le Congrès tenu en Avril 1919

—◦—

Une fois de plus, et avec la force solennelle que les événements lui prêtent, le Parti socialiste appelle les travailleurs à leur propre affranchissement. Au-dessus des décombres et du carnage, il leur désigne l'aurore du monde nouveau qui se lève.

Depuis quatre ans, reprenant peu à peu les polémiques empoisonnées qu'avait un moment interrompues l'union du pays devant le danger, nos adversaires ont répété : « N'écoutez pas les socialistes. Ils se sont mépris sur tout. Chacun des événements de la guerre a fait éclater leur erreur, leur illusion, leur impuissance... »

Nos adversaires ont menti. Sur tous les points essentiels, la guerre a vérifié notre doctrine, justifié notre action.

Le socialisme avait prévu la guerre. Il l'avait prévue comme la conséquence du régime économique et politique qu'il combat sans trève.

Il avait prédit que la guerre universelle sortirait un jour du capitalisme, de la concurrence qu'il crée entre les nations comme entre les individus, des armements intensifs où il devait nécessairement chercher son appui.

Il avait prédit que le risque permanent de guerre, développé par le capitalisme lui-même, serait aggravé et rapproché par le système des alliances antagonistes, par les pratiques secrètes d'une diplomatie que la vanité des hommes d'Etat dirigeait seule et sur laquelle les Parlements des démocraties eux-mêmes n'exerçaient pas de contrôle effectif.

Il avait prévu que, dans ce régime d'appétits coloniaux, d'ambitions impérialistes et d'obscurité diplomatique, certains « gouvernements de crime » pourraient, comme l'ont fait les empires centraux, déclancher la guerre et placer subitement le monde devant la catastrophe universelle.

Il avait prédit, par la grande voix de Jaurès, que la guerre, telle, que la préparait le militarisme allemand, serait une guerre de masses, de fortification, de matériel, d'organisation scientifique, que, par conséquent, l'effort de défensive efficace n'était pas de prolonger la durée du service actif, mais de munir les frontières, d'armer les réserves, de renouveler l'esprit et les méthodes du commandement.

La guerre a prouvé qu'une nation en péril devait recourir, pour son salut, aux principes mêmes dont le socialisme procède : affectation de chaque citoyen au poste de combat ou de travail le plus avantageux pour la collectivité, organisation nationale et internationale de toutes les productions et de toutes les industries.

La guerre a prouvé que le socialisme n'était pas une utopie, puisque le travail et le capital universels, mobilisés pendant quatre ans pour détruire, pourraient l'être tout aussi bien pour créer.

La guerre a prouvé que l'antagonisme des classes était bien la loi de la Société actuelle, puisque, tout en faisant de nouveaux riches et de nouveaux pauvres, elle a accru les fortunes comme les misères, concentré le capitalisme comme le prolétariat international.

La guerre a prouvé que le socialisme seul pouvait empêcher définitivement toute guerre, puisque la possibilité même d'une catastrophe nouvelle ne sera extirpée du monde qu'autant que le socialisme international aura réalisé la même harmonie entre les nations qu'entre les hommes et fait de l'humanité entière une raison sociale unique, exploitant la terre comme son héritage collectif.

Ainsi, à l'inverse de ce qu'insinuaient les polémiques et les calomnies, la guerre est venue apporter à nos doctrines comme une démonstration suprême que, certes, nous ne souhaitions pas.

Mais le socialisme est, seul, en état de tirer les conséquences inéluctables du désastre. Seul, il peut trouver dans sa doctrine les solutions précises d'application pour toutes les catégories de problème.

Seul, il peut apporter à ceux que les contre-coups du bouleversement universel ont plongés dans la détresse, le bienfait d'une morale vivante, d'une foi humaine.

Le vieux monde chancelle sous ses erreurs et sous ses charges. C'est la nécessité même qui obligera le peuple français, pour résoudre les difficultés tragiques que la guerre aura posées, à recourir aux méthodes d'administration socialiste. C'est la nécessité même qui obligera tous les peuples, pour sortir du chaos où les conflits nationaux les auront laissés, à recourir à l'organisation et à la solidarité internationales.

Fort de cette épreuve sanglante, le Parti socialiste appelle à lui toutes les victimes de la guerre, non seulement les hommes et les femmes qu'elle a mutilés dans leur cœur ou dans leur corps, mais tous ceux qui en ont subi les atteintes et qui doivent en porter le poids, tous ceux qui, dans la crise actuelle de la vie, éprouvent l'insécurité du travail, l'insuffisance du traitement ou du salaire, tous ceux que révolte le contraste des profits scandaleux et des souffrances accrues, tous les prolétaires, tous les travailleurs.

Le socialisme est le principe d'harmonie au milieu du chaos universel engendré par la guerre.

Le socialisme est le principe d'équité au milieu de l'iniquité sociale multipliée par la guerre.

Le socialisme est la suppression et la négation de toute guerre.

Le socialisme international est le stade suprême de la civilisation humaine.

La Révolution Sociale

Plus fermement que jamais, avec une conviction encore accrue par ces terribles leçons, le Parti socialiste déclare donc que le but final de son action est la Révolution sociale.

La Révolution sociale ne signifie rien de moins et rien de plus que la substitution du régime collectiviste de la production, de l'échange et de la consommation au régime économique actuel, fondé sur la propriété privée capitaliste, qui correspond à une période révolue de l'histoire.

La démocratie, c'est-à-dire l'égalité des droits et des devoirs entre les citoyens, ne sera pleinement réalisée, même au point de vue politique, qu'après

que la Révolution sociale, achevant l'œuvre de la
Révolution française, aura effacé les privilèges héréditaires de la propriété et les servitudes héréditaires
du travail.

L'avenir seul montrera de quelle façon doit se pro-
duire cette transformation, qui est en elle-même la
Révolution : par transmission de pouvoirs légale,
sous la pression du suffrage universel. ou par un
mouvement de force du prolétariat organisé.

Le Parti socialiste ne confond pas Révolution et
Violence. Il n'ignore pas que c'est selon leur contenu,
et non pas selon leur forme, que les faits comportent
ou non une valeur révolutionnaire. Etant le parti de
la fraternité humaine, dirigeant toute son action
vers la prospérité et le bien-être universels, il sou-
haite ardemment que sa victoire s'accomplisse dans
le calme et l'organisation méthodique. Mais le prolétariat ne peut renoncer, pour la conquête du pouvoir politique, à aucun moyen de lutte, et la forme
de sa Révolution dépendra finalement des circonstances, notamment de la nature des résistances qui
seront opposées à son effort d'affranchissement.

Le Parti n'ignore pas davantage que la Révolution
sociale n'a certitude de réussir que si elle se produit
à son heure historique, c'est-à-dire au moment où
elle sera mûre dans les choses comme dans les esprits.
La réalisation de l'ordre nouveau que conçoit le prolétariat organisé dépendra nécessairement du degré
de développement des institutions prolétariennes qui
forment les embryons organiques du régime socialiste. Le Parti a toujours détourné les travailleurs
des mouvements prématurés et des manifestations
impulsives. Mais, de même qu'il n'est pas maître de
la forme, il n'est pas maître du moment. Le Parti
socialiste ne saurait reculer devant aucune des occa-
sions que lui imposeraient les fautes même de la
bourgeoisie. D'autre part, la Révolution sociale est
l'espoir des peuples qui souffrent. Ceux en qui le

prolétariat a mis sa confiance ne sauraient s'exposer à tromper cet espoir.

Quelle que soit la forme sous laquelle se produira la Révolution, la prise de pouvoir du Prolétariat sera vraisemblablement suivie d'une période de dictature.

L'histoire montre clairement le sens de cette formule, dont les polémiques réactionnaires font un impudent abus. Elle fournit la preuve décisive qu'un régime nouveau — politique ou social — ne peut jamais s'en remettre, pour fonder la légalité nouvelle, aux cadres légaux du régime qu'il remplace. Les révolutions du XIX° siècle ont réussi ou échoué suivant qu'elles ont observé ou méconnu ce principe. C'est cette transition entre l'ordre aboli et l'ordre nouveau à instaurer qui constitue la dictature du prolétariat.

L'ordre nouveau que conçoit le prolétariat sera établi par une classe, mais dans l'intérêt et pour le bien de tous les hommes. De même que la légalité nouvelle qu'elle précède et qu'elle prépare, la dictature impersonnelle du prolétariat s'exerce au nom et dans l'intérêt de l'humanité tout entière.

La durée de cette période transitoire doit être aussi brève que les circonstances le permettront. Elle variera toutefois suivant l'état de la production économique, suivant le degré de préparation et d'organisation du prolétariat, suivant la nature et l'intensité des résistances.

Le pouvoir dictatorial doit être exercé, durant cette période, par le prolétariat organisé politiquement et économiquement.

Fidèle, à cet égard, à sa tactique traditionnelle, le Parti socialiste rappelle que les organes politiques et économiques constitués de la classe ouvrière doivent normalement former les cadres sur lesquels repose son action.

Les expériences de Russie, d'Allemagne, de Hongrie et les difficultés qu'elles doivent surmonter montrent clairement quelles sont les conditions les plus favorables au succès de la Révolution : Etroite unité du Parti socialiste international; étroite union entre les organisations politiques et économiques du prolétariat; abondance matérielle, notamment en ce qui touche les stocks de matières premières et de denrées alimentaires, l'outillage et les moyens de transport; développement des institutions propres au prolétariat; préexistence, dans chaque nation, d'institutions et de traditions à caractère démocratique.

Les prolétaires travaillent donc pour leur Révolution — seul prix qui puisse payer dignement les sacrifices consentis et les misères subies depuis près de cinq années — quand ils accroissent la force d'organisation et la puissance politique du Parti socialiste..

Le Parti travaille pour la Révolution quand il lutte pour le bien-être des travailleurs, pour leur dignité morale, pour l'accroissement de leur valeur professionnelle, quand il cherche à pénétrer d'esprit démocratique les institutions et la vie publiques, quand il s'efforce de reconstituer la richesse et d'augmenter la capacité productrice de la nation.

En un temps où le mouvement des choses est si incertain et si prompt, nul ne peut prédire quand sonnera l'heure du prolétariat. Mais, qu'elle soit proche ou lointaine encore, la même action positive s'impose à lui : s'organiser, aviver constamment sa foi dans ses destinées, pousser aussi loin que possible l'aménagement de la société actuelle dans le sens et dans la direction de la société future. Héritier présomptif du monde capitaliste, dont la richesse est faite du travail accumulé des générations, le socialisme a, dès à présent, le devoir de préserver et de préparer son héritage.

La Rénovation Politique

Le Parti socialiste exigera donc — en attendant l'instauration de l'ordre socialiste — que cet ordre se dessine et se précise dans la société bourgeoise elle-même par une rénovation profonde de ses cadres et de ses institutions.

Les travailleurs n'accepteront pas, qu'au lendemain de la guerre, le monde social se représente à eux, semblable à ce qu'il était la veille. Ils n'accepteront pas que les mesures indispensables pour leur bien-être immédiat, et pour l'aménagement de la production elle-même, continuent à être arrachées, bribe par bribe, à la résistance égoïste des intérêts et à la lenteur timorée des gouvernements.

Ils n'accepteront pas que l'état des institutions continue à marquer un retard croissant sur les institutions d'autres pays et sur l'état de la société elle-même.

L'esprit politique doit être rénové jusque dans ses racines mêmes. La marche des réformes doit s'accélérer pour rejoindre la marche de l'évolution sociale. Le jeu des organes de gouvernement doit se transformer pour permettre un rendement abondant et prompt.

Le développement des institutions économiques de la classe ouvrière, syndicats, coopératives, doit pouvoir s'accomplir en pleine liberté, mieux encore, avec l'aide des pouvoirs de la nation démocratiquement organisée.

Le Parti socialiste réclame donc comme méthode et instruments nouveaux du travail politique, adaptés à la situation nouvelle :

La réunion d'une Constituante, chargée de reviser une Constitution qui ne correspond plus qu'à un état périmé de la société politique, et d'établir les institutions nouvelles nécessaires à l'activité économique et politique du pays.

Ces institutions auront pour base :

Le suffrage universel des deux sexes;

La consultation directe du peuple;

Le droit d'initiative populaire;

La Représentation proportionnelle intégrale, par grandes régions;

L'Assemblée législative unique;

La décentralisation administrative;

L'incompatibilité du mandat législatif avec certaines professions et fonctions, notamment celles d'administrateur, d'avocat ou de chef d'entreprises en rapport d'affaires avec l'Etat, tout en assurant l'indépendance matérielle des élus par une indemnité en rapport avec leurs charges et le coût de la vie;

La création de Chambres économiques, chargées d'étudier et d'organiser la production nationale et régionale;

L'adaptation des fonctions gouvernementales aux nécessités sociales de production et de répartition des richesses;

La réorganisation, sur le type industriel, et avec la collaboration directe des organismes corporatifs, de tous les services publics, et des grands monopoles qui peuvent être établis dès maintenant au bénéfice de la nation, avec fixation de traitements et de salaires proportionnés aux services et aux besoins.

Dès maintenant, le Parti appelle tous ses groupes, toutes ses fédérations, à engager une énergique agitation publique pour l'amnistie, le rétablissement total des libertés de presse, de réunion et d'opinion, et la réunion de la Constituante.

Par ces méthodes renouvelées, et avec ces instruments remis au point, le Parti entamera sans délai le travail immense qui s'impose immédiatement à lui comme à la nation entière : envisager dans toute leur étendue les conséquences de la guerre; déterminer les contre-coups de la catastrophe universelle; les réparer, dans la mesure où ils sont réparables; en tirer les conséquences et les enseignements nécessaires.

La tâche est formidable, puisqu'elle est à la mesure des ravages que la guerre a causés, des désastres qu'elle a laissés derrière elle.

Le Parti socialiste l'abordera en restant constamment fidèle aux mêmes principes essentiels :

Une politique inspirée de l'esprit socialiste est le seul remède à la situation présente de la société, de même que, pendant la guerre, en dépit de toutes les résistances, les mesures de sécurité et de production nationales ont dû s'empreindre de l'esprit du socialisme.

Les règles d'action et les mesures positives qui permettront de parer à la crise actuelle sont en même temps celles qui prépareront avec les meilleures chances de succès la Révolution sociale.

La Restauration Economique

La guerre n'a pas déterminé une régression économique, puisque des moyens nouveaux ont été continuellement mis en œuvre, mais elle a créé l'appauvrissement, la pénurie et le désordre.

Les stocks de toutes matières sont absorbés.

La production agricole, dans le monde entier, mais particulièrement en France, est inférieure à la consommation normale.

Notre production industrielle, anéantie pour une large part, se trouve désaxée pour le surplus, et ne parvient pas à réadapter à la paix son effort, porté tout entier vers les fabrications de guerre.

La main-d'œuvre est atteinte, dans sa quantité, par les pertes de vies humaines, dans sa qualité, par les blessures, les maladies, le surmenage et le déclassement.

Les moyens de transports, déjà insuffisants avant la guerre, sont engorgés jusqu'à une sorte d'étouffement.

Les émissions illimitées de papier-monnaie ont rompu l'équilibre entre les valeurs d'échange et les valeurs de production.

La guerre, enfin, en même temps qu'elle développait l'esprit collectif et plongeait dans la vie sociale une multitude d'individualités isolées, déterminait, à mesure que se prolongeait sa durée, un état général de cupidité, de mercantilisme et d'exploitation mutuelle.

La grande finance et la grande industrie ont donné l'exemple. Depuis quatre ans, elles ont impunément abusé de la détresse publique pour imposer à la nation de véritables monopoles d'exploitation, pour lui arracher des renouvellements de privilèges, ou même des privilèges nouveaux : Banque de France, Compagnies de chemins de fer, concessions hydrauliques et minières, coalition des métallurgistes contre l'Etat, spéculation sur les produits nécessaires à l'existence.

Cet état de dégradation économique se traduit aujourd'hui par un signe frappant : la situation financière de la France.

Circulation fiduciaire exorbitante, c'est-à-dire crise monétaire; difficultés de paiement presque insolubles,

c'est-à-dire crise de trésorerie; écart formidable entre les ressources fixes et les dépenses ordinaires,
c'est-à-dire crise budgétaire.

Ainsi que le Parti socialiste l'avait annoncé dès le
premier jour, la contribution due par l'Allemagne ne
résoudra pas le problème. La publication des préli-
minaires de paix, en dépit de l'obscurité voulue de
leurs termes, a dissipé à cet égard les illusions men-
songères que le gouvernement entretenait depuis
l'armistice. Les versements de l'Allemagne seront
limités à la réparation des dommages matériels causés par la guerre aux particuliers. Les dépenses de
guerre de l'Etat resteront définitivement à sa charge.
La contribution allemande ne supprimera donc pas la
crise de trésorerie. Elle ne dispensera pas de créer,
pour l'équilibre des budgets futurs, des impôts nouveaux, triples ou quadruples de ceux qui alimentaient
nos budgets de paix.

Le Parti socialiste déclare que ces ressources extra-
ordinaires ou permanentes, doivent être cherchées :

*Dans la revision sévère des marchés et des profits
de guerre, fût-ce au moyen de juridictions spéciales,
et le retour à l'Etat des profits abusifs; dans la conscription des fortunes, aussi légitime assurément que
la conscription des hommes; dans un impôt sur l'en-
richissement;*

*Dans la perception stricte de l'impôt sur le revenu
et des taxes d'enregistrement, avec progression nette-
ment accentuée;*

*Dans l'établissement de monopoles fiscaux, portant
de préférence sur les objets de luxe ou de consommation inutile, et même dangereuse comme l'alcool;*

*Dans la participation financière de l'Etat à tous
les commerces et industries suffisamment concen-
trés;*

Dans la reprise de l'exploitation au compte de la nation des chemins de fer et de tous les grands instruments de transport maritimes, fluviaux et terrestres, des mines (houille, potasse, pyrites, fer et autres minerais), des grandes usines métallurgiques, des forces hydrauliques, des carburants, des raffineries et de l'alcool, des banques et du service des assurances, — cette exploitation étant confiée, sous le contrôle des consommateurs, soit à l'Etat, aux départements et aux communes, soit à de grandes collectivités industrielles.

Mais le Parti socialiste, dont la doctrine et la politique sont faites de vérité et de sincérité, ne peut dissimuler que les mesures qu'il propose et qu'il soutiendra ne procureront sans doute qu'un soulagement partiel et provisoire, et risquent de ne pas suffire à la gravité de la crise. Le régime capitaliste peut succomber sous le poids des charges qu'il a créées ainsi qu'il est advenu de l'ancienne monarchie. Comme en 1789, la France peut se trouver conduite, par le seul désastre financier, à une situation d'ordre révolutionnaire.

Nous devons envisager cette éventualité. Mais le Parti estime que, pour éviter à la nation — et au socialisme lui-même — des convulsions stériles et funestes, il ne suffira pas de recourir à des expédients financiers ou à des procédés fiscaux. L'œuvre qui s'impose à nous est plus haute. Elle consiste dans l'augmentation de la production, dans l'accroissement des ressources, dans le développement de la prospérité nationale, c'est-à-dire dans une rénovation radicale et résolue de la vie économique de la France.

On ne doit pas demander à l'Etat de dépenser moins, mais de dépenser mieux et davantage. La pire des politiques serait la politique de lésinerie et de retranchement. Dût-on renoncer pour quelques an-

nées à l'équilibre budgétaire, augmenter momenta-
nément le déficit recourir à de nouveaux emprunts,
la nation doit s'ouvrir à elle-même un large crédit
pour développer et, sous bien des rapports, pour
créer son outillage productif, pour exécuter sa réfection morale et matérielle.

Les Réformes immédiates

Le Parti socialiste ne peut que dessiner les grandes lignes de cette reconstruction qui formera la
première assise d'une société d'harmonie et de justice, c'est-à-dire du régime socialiste lui-même.

L'outillage détruit ou dégradé doit être remis en
état et adapté aux nécessités économiques d'aujour-
d'hui et de demain. Les moyens de transport seront
développés, les forces hydrauliques aménagées. Le
crédit sera organisé, le machinisme modernisé, l'agri-
culture vivifiée par l'application des méthodes industrielles, la recherche scientifique largement dévelop-
pée.

Le travail doit être obligatoire. Une classe ne peut
plus être condamnée à assurer seule la production
des richesses nécessaires à la consommation de tous.
Pas un individu valide ne peut être dispensé de pro-
duire. L'oisiveté et le refus au travail seront tenus
pour des infractions sociales, et, comme telles, répri-
mées et punies sévèrement par la loi.

Le travail doit être libre. Des formes nouvelles
régleront son organisation et assureront aux travailleurs leur indépendance en même temps que leur
dignité morale. Le travail constitue la plus noble des
fonctions sociales. L'effort de la classe ouvrière pendant la guerre et les sacrifices qu'elle a consentis lui
permettent, mieux que jamais, d'exiger que le travailleur devienne véritablement un citoyen du

— 17 —

monde, libre et égal dans tous les pays où il portera
son effort.

Le travail doit procurer à la collectivité le rendement complet des facultés individuelles, car la pleine
activité des hommes est plus féconde en résultats
fructueux que la mise en valeur des choses. Un
vaste système d'éducation nationale, dirigé tout entier vers cette fin, prendra l'enfant dès avant sa nais-
sance pour le diriger rationnellement vers l'affectation sociale la plus convenable à ses qualités intel-
lectuelles et physiques. La fortune ou la condition
des parents ne décideront plus de l'avenir des enfants; c'est la nature, convenablement reconnue et
cultivée, qui dictera le choix; c'est la nation qui aura
le pouvoir de choisir.

Le travail doit procurer au travailleur le bien-
être et la sécurité, un loisir approprié aux besoins
de l'esprit et du corps, un logement sain, propor-
tionné aux charges familiales. Tout être humain pos-
sédera sa part de lumière et de santé, alors qu'aujourd'hui les taudis insalubres et les logements sur-
peuplés sont ceux qui procurent à la cupidité des
possédants les revenus les plus larges. Tout être
humain pourra jouir d'une nourriture abondante et
réparatrice, alors qu'aujourd'hui la faiblesse des
pouvoirs publics met l'alimentation des travailleurs
à la merci d'une spéculation effrontée.

Le Parti socialiste exigera donc :

En ce qui concerne l'organisation de la main-
d'œuvre :

*La suppression du chômage par l'organisation du
placement, l'établissement de statistiques du travail,
l'unification et la généralisation des méthodes de
placement sur la base paritaire;*

Le développement de l'assurance sociale sous toutes ses formes pour les ouvriers français et étrangers ;

La protection efficace de l'hygiène et de la sécurité dans le travail;

La réduction progressive des heures de travail, afin d'établir un rapport normal entre le développement de la technique de travail dans l'industrie et les avantages qui doivent en résulter pour les travailleurs;

La fixation d'un minimum de salaires, fondé sur le coût normal de la vie;

Le règlement de l'immigration de la main-d'œuvre étrangère, avec égalité de salaire pour l'égalité de travail;

La reconnaissance, sans aucune réserve, du droit syndical;

En ce qui concerne plus spécialement les travailleurs agricoles :

L'extension des lois qui protègent ou protégeront les ouvriers de l'industrie : accidents, salaires, durée du travail, hygiène, couchage, nourriture;

La protection des métayers, — notamment par l'interdiction du système des fermiers généraux.

La tarification des fermages et l'allocation d'indemnités de plus-value à l'expiration des baux;

L'organisation coopérative des petits propriétaires, fermiers et métayers, pour la production, la vente des produits, l'achat des semences, machines et engrais; l'assurance contre la grêle et la mortalité du bétail.

En ce qui concerne la formation et l'affectation sociales :

La protection rigoureuse des mères et de l'enfance; le contrôle médical de tous les enfants; la création de garderies, sanatoria scolaires et colonies de plein air;

La fusion de tous les enseignements, intellectuel et physique, classique, technique et agricole, en un service unique d'éducation nationale, gratuit et obligatoire à tous les degrés, permettant, par une suite de sélections et de spécialisations, d'utiliser au mieux des intérêts sociaux la variété des aptitudes individuelles.

En ce qui concerne le bien-être des travailleurs :

L'expropriation générale des immeubles malsains;

La création par les communes, avec le concours de l'Etat, du service public de l'habitation;

L'affectation immédiate de sommes importantes à la construction de logements salubres;

La constitution des départements, des communes et des coopératives en service public de l'alimentation;

L'organisation publique des loisirs par le sport, le spectacle, l'art, la diffusion, sous toutes les formes et à tous les âges, de la culture générale et professionnelle.

Grâce au sentiment croissant de leur dignité, grâce à l'amélioration continue de leur vie morale et physique, les travailleurs pourront améliorer à leur tour le rendement du corps social tout entier. Ils permettront, ils provoqueront le mouvement nécessaire de production et de progrès. Ils stimuleront l'esprit d'entreprise et ils se trouveront prêts à le suppléer au besoin, puisqu'en accroissant la richesse collective, ils auront accru leur volonté de classe et leur force de revendication.

L'Organisation internationale et la Paix

Telle est la tâche immédiate à laquelle le P. S. convie tous les travailleurs, tous ceux qui souffrent et qui espèrent. Mais elle ne peut être menée à bout, elle né saurait même être entreprise si une condition primordiale n'est réalisée : l'instauration de la paix, la paix durable, la paix sûre, c'est-à-dire la paix juste. Si les risques de guerre doivent subsister entre les nations, tout travail de reconstruction nationale est d'avance frappé de mort.

Le Parti socialiste luttera donc de toute son énergie pour que les conditions de paix ne laissent pas subsister, ou même ne créent pas, dans le monde réorganisé, de nouvelles possibilités de guerre.

Il s'opposera à toute entreprise par laquelle l'entente des gouvernements, survivant à la guerre, essaierait de réprimer, au dedans ou au dehors, l'élan d'émancipation humaine.

Ardemment attaché à l'idée d'une Société des Nations il considère qu'elle doit être instituée entre tous les peuples, égaux en droits et en devoirs, et non pas entre quelques gouvernements.

Il déclare que, si elle entend maintenir dans le monde un régime de paix sincère, la Société des Nations devra nécessairement assumer le rôle d'organe directeur ou régulateur pour l'ensemble de la vie économique universelle.

L'expérience de la guerre et les leçons de la situation actuelle confirment ici, une fois de plus, les vues essentielles du Socialisme. La civilisation moderne a créé entre toutes les nations une solidarité inéluctable. L'œuvre de réparation immédiate, comme l'œuvre de libération définitive, peut être entamée séparément par chacune d'elles. Mais cette œuvre ne saurait se suffire; elle ne peut être poussée à son terme qu'en s'assemblant dans un effort commun d'entente et d'organisation.

Sur tous les points, le travail de réfection nationale, dont le Parti socialiste a tracé les lignes directrices, exige le complément et le couronnement d'une législation internationale.

La fiscalité nouvelle restera inefficace sans une entente internationale pour réprimer les évasions et les fraudes.

La crise de trésorerie est insoluble, l'équilibre budgétaire impossible, sans une entente internationale pour égaliser et acquitter les charges de la guerre.

La réglementation du travail demeurera nécessairement incomplète sans la création d'offices internationaux d'étude et de statistique, sans l'institution d'une charte internationale.

La production et la répartition resteront livrées à tous les désordres absurdes et à tous les dangers terribles de la concurrence, si l'organisation internationale n'impose pas aux nations une spécialisation, une division du travail industriel et agricole, ayant pour base les facultés propres de chaque sol et de chaque peuple, pour objet le bien commun de l'Humanité.

La Société des Nations, symbole de cette entente et de cette organisation, sera donc tenue, par les nécessités mêmes de son existence, de régler les conditions de production et de consommation convenables à chaque pays, de contrôler et de tarifer les transports, d'assurer entre les Nations, selon les besoins de chacune d'elles, une répartition équitable du stock universel de matières premières et de produits, de soumettre à son autorité les tarifs de douane, de faciliter par tous les moyens l'échange des denrées, des capitaux et des personnes, d'assurer l'harmonie ou l'unité entre les législations essentielles.

En travaillant, par la coopération des peuples, à la prospérité et à la paix, la Société des Nations s'avancera donc nécessairement dans la Voie du Socialisme international. Là est la condition de sa durée ou même de son existence.

Le Régime Socialiste

C'est parce que le régime socialiste se trouve déjà formé, dans tous ses éléments constitutifs, au sein de la société bourgeoise, que les mêmes causes conduiront inévitablement à son triomphe — que ce triomphe résulte de l'enchaînement régulier des faits où d'une secousse brusque de l'histoire. Mais le Parti socialiste rappelle solennellement à tous les travailleurs que le but doit toujours inspirer les moyens, que les moyens ne doivent jamais détourner du but. Il est possible d'introduire progressivement dans le monde, avant l'instauration complète du socialisme, toujours plus d'ordre, toujours plus de liberté et chaque progrès en ce sens prépare et hâte le moment historique du prolétariat. Cependant, c'est seulement avec le régime socialiste que doivent définitivement régner dans l'univers matériel ou moral, l'harmonie, la justice et l'égalité.

Il n'y aura d'égalité vraie que lorsque l'unique distinction reconnue entre les hommes sera celle de leur valeur sociale. Il n'y aura de justice vraie que lorsque l'unique propriété reconnue aux hommes sera celle qui provient de leur travail personnel, lorsque la dîme prélevée par le patron sur le salarié, par le propriétaire du sol sur le tenancier, aura disparu avec la forme de propriété dont elle est l'expression directe. Il n'y aura d'harmonie vraie que lorsque l'activité de chaque homme sera appliquée à sa tâche naturelle et la richesse commune de la terre exploitée pour le bien de tous.

Le Parti socialiste appelle donc tous les travailleurs à seconder par leur effort l'évolution bienfaisante de l'histoire. Il les appelle à collaborer avec lui à l'œuvre de régénération sociale qui est son but. Les intérêts généraux de la nation, et ceux de la civilisation tout entière se confondent indissolublement avec les leurs. Héritiers de tout l'effort d'organisation qui s'est développé dans le monde, ils se doivent à eux-mêmes de réaliser un programme dont la bourgeoisie déchue et le capitalisme cupide n'oseraient même pas tenter l'accomplissement.

LISEZ :
FAITES LIRE :

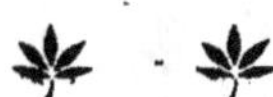

l'Humanité

LE NUMÉRO :	Journal	FONDATEUR :
10 Centimes	de la Classe Ouvrière	JEAN JAURÈS

ABONNEMENTS :

	1 an	6 mois	3 mois
Paris, Seine et Seine-et-Oise	25 fr.	13 fr.	7 fr.
Départements et Colonies	28 »	14 »	7 50
Étranger :	35 »	18 »	9 50